Ich kanns!

miniLÜK Gehirnjogging für Vorschulkinder 1

ISBN 978-3-89414-446-3

Name ______________________ Klasse ______________________

Ich habc dic Übungen erfolgreich bearbeitet am:

auf **Seite**

2	Wunderschöne Schmetterlinge	______	√
4	Farbige Kreise mit unterschiedlichem Hintergrund	______	√
6	Spurensuche	______	☐
8	Auf den Kopf gestellt und in anderer Farbe	______	☐
10	Tiere zuordnen	______	☐
12	Ein Streifenpuzzle	______	☐
14	Verschiedene Formen in gleichen Farben	______	☐
16	Ordne richtig zu!	______	☐
18	Vier Formen in vier Farben	______	☐
20	Welche Schiffe gehören zusammen?	______	☐
22	Wo ist das fehlende Muster?	______	☐
24	Welche Hände gehören zusammen?	______	☐
26	Wo ist die fehlende Ecke?	______	☐
28	Wo ist das gleiche Hühnchen?	______	☐

Wunderschöne Schmetterlinge

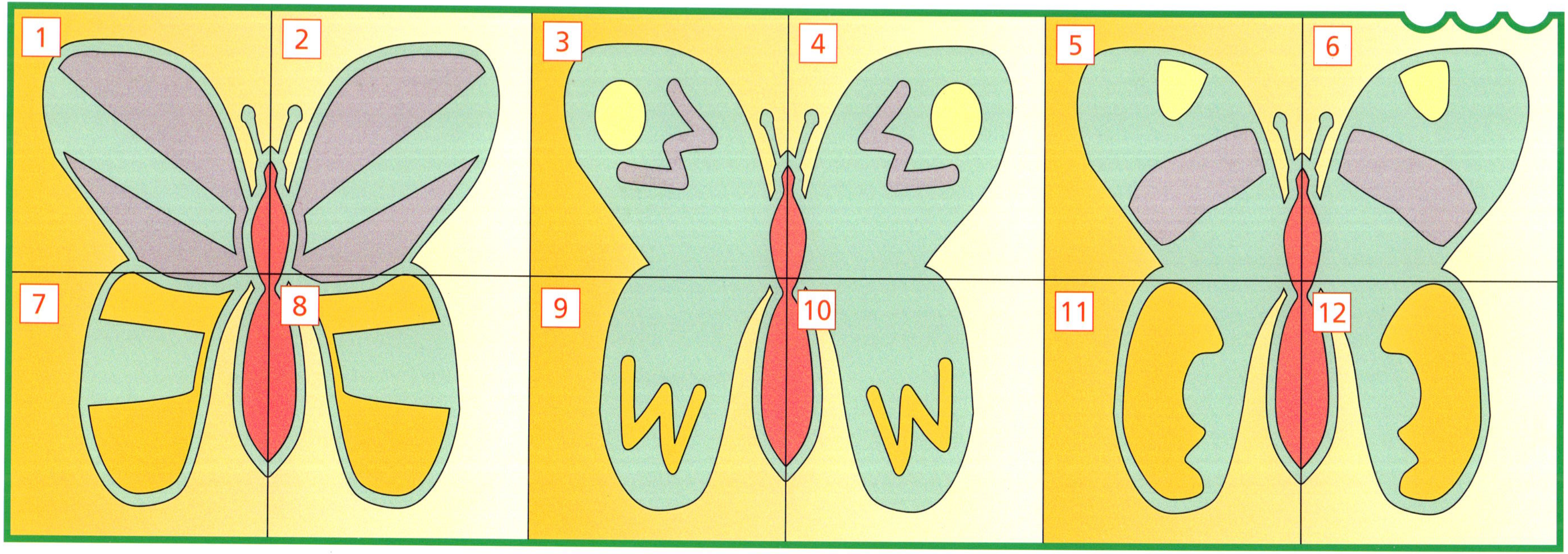

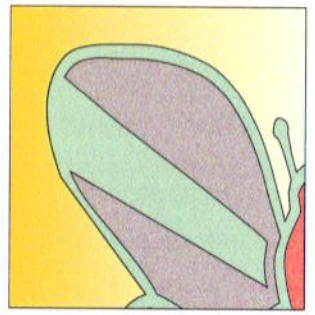

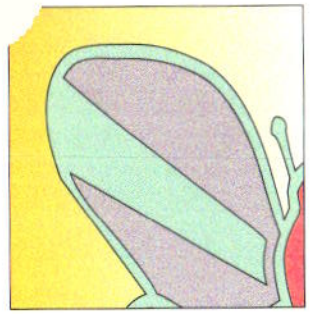

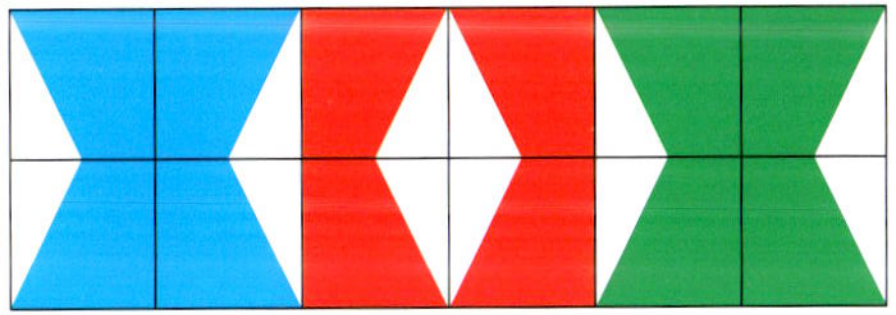

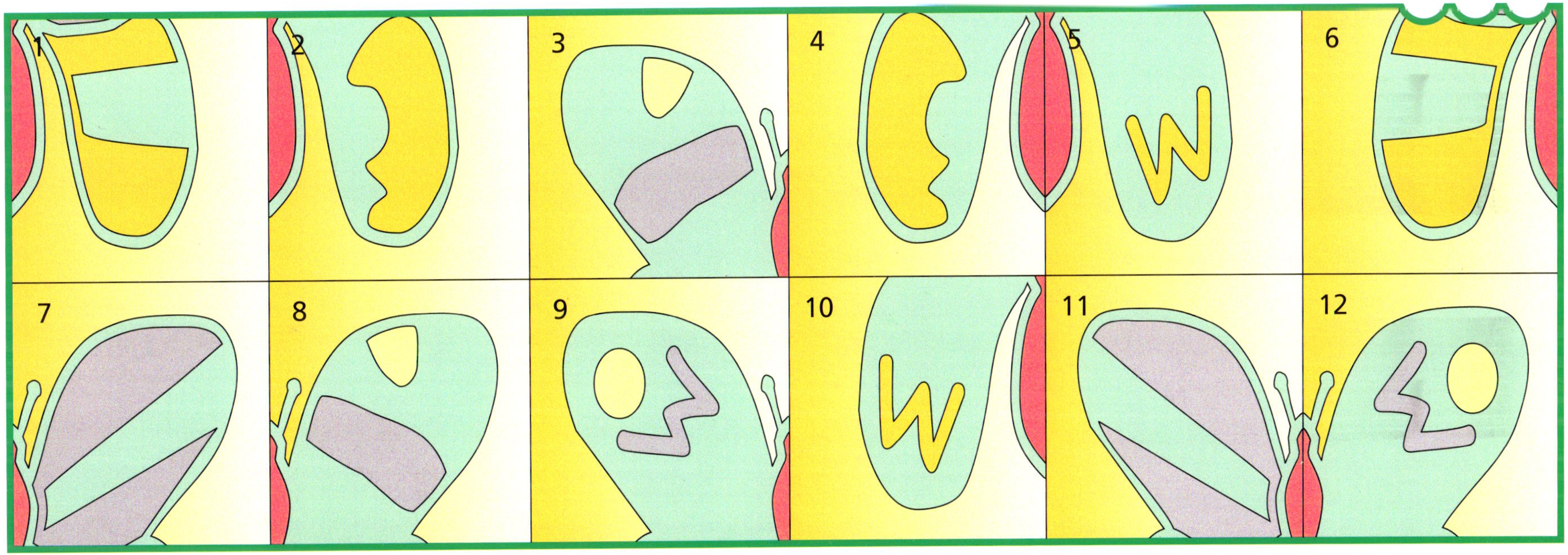
1
2
3
4
5
6
7
8
9
10
11
12

Farbige Kreise mit unterschiedlichem Hintergrund

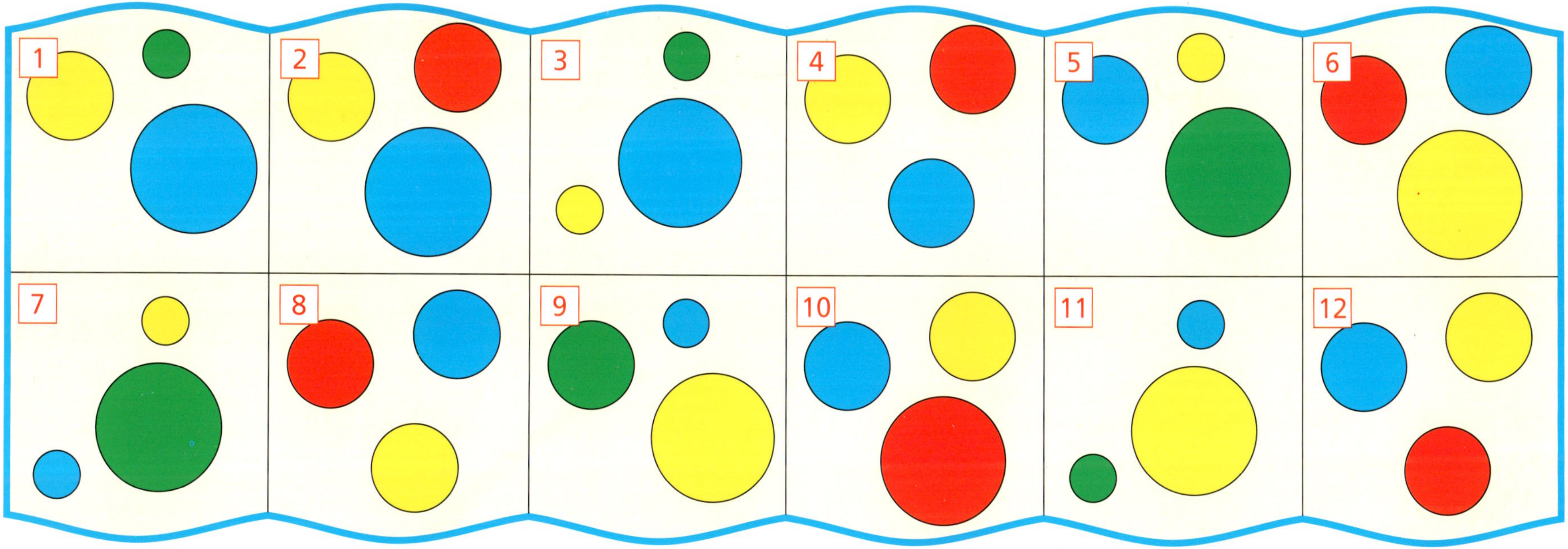

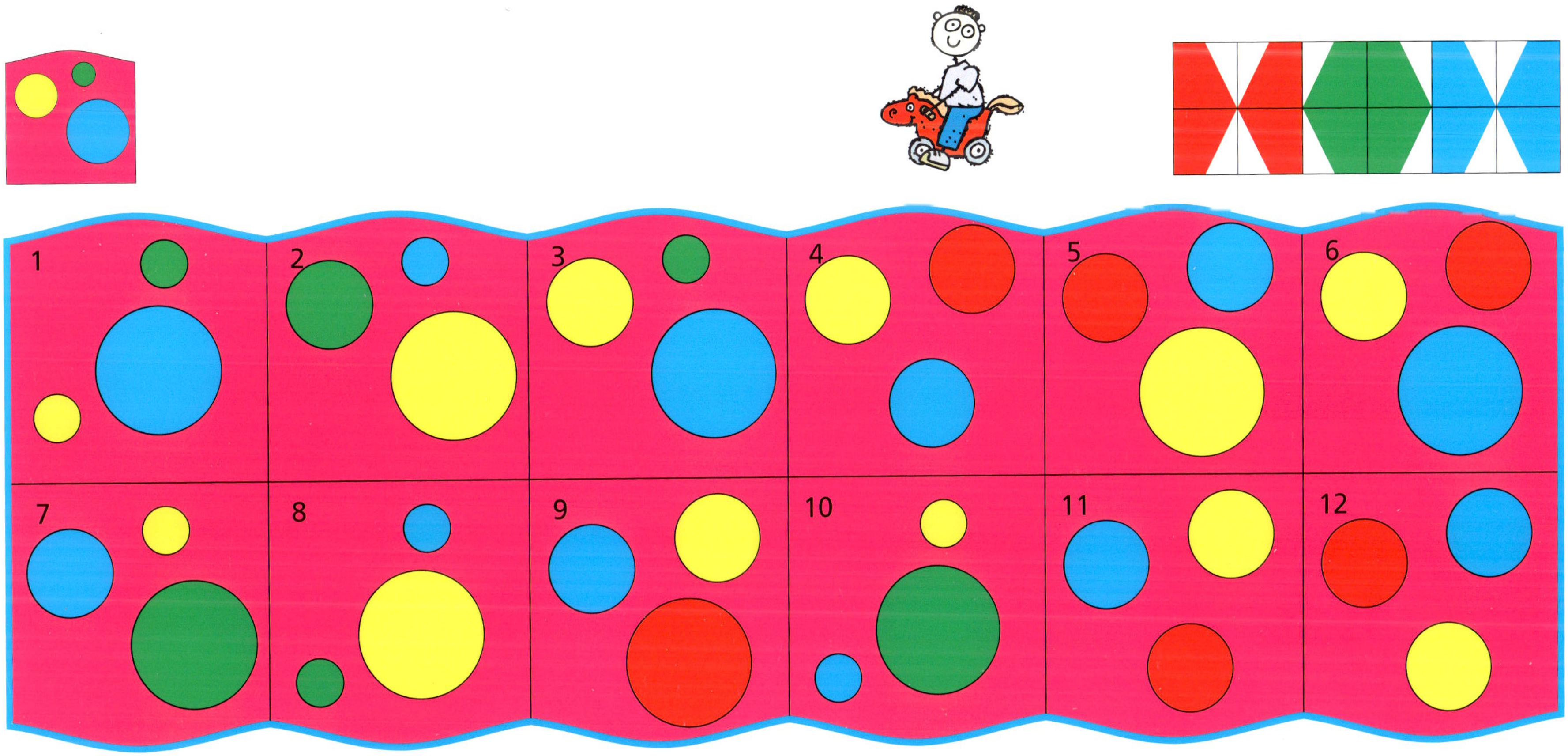
1
2
3
4
5
6
7
8
9
10
11
12

Spurensuche

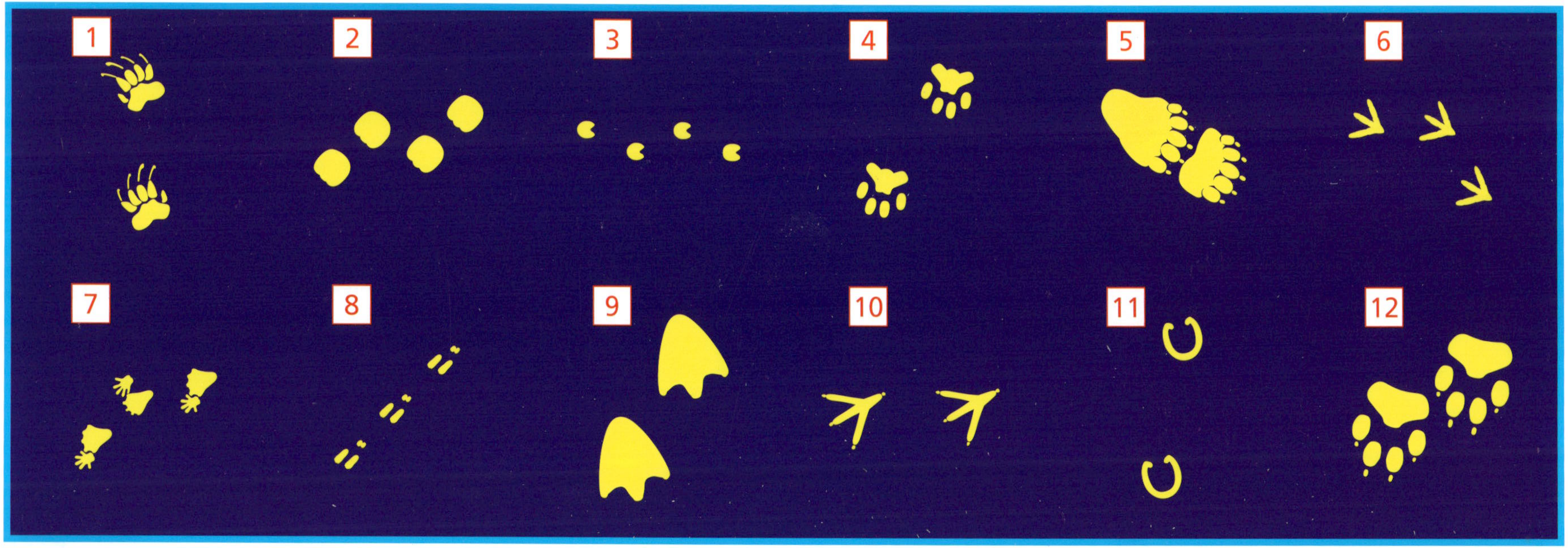

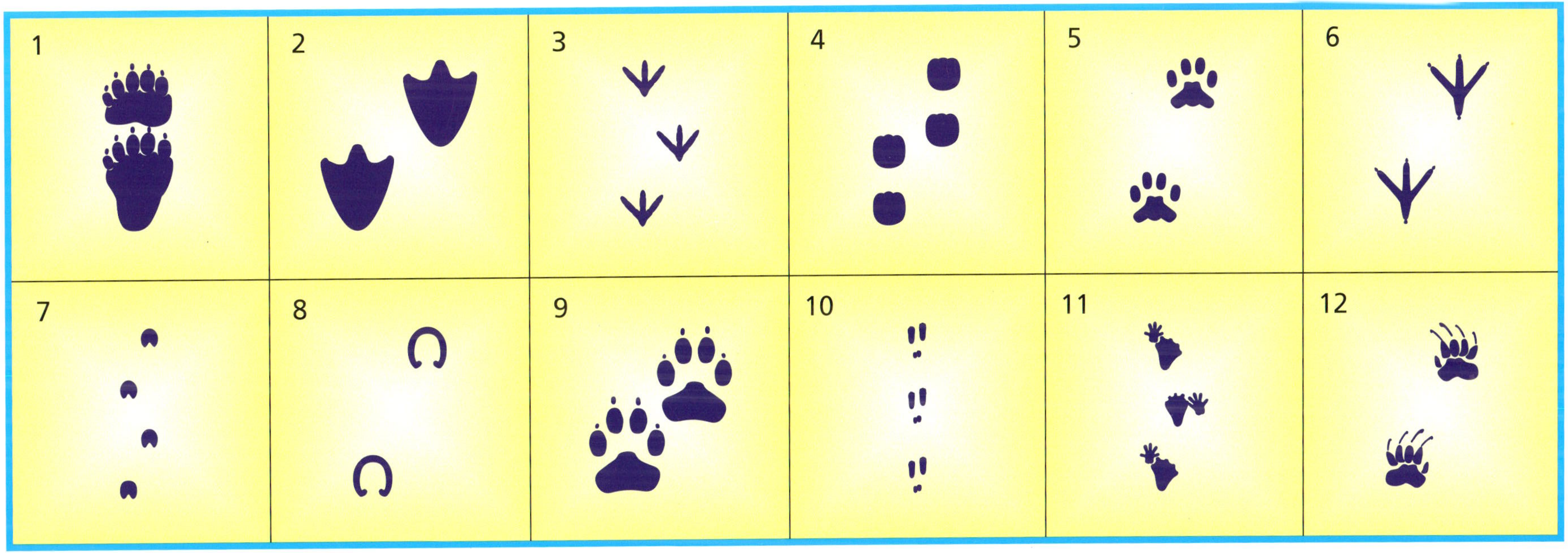
1
2
3
4
5
6
7
8
9
10
11
12

Auf den Kopf gestellt und in anderer Farbe

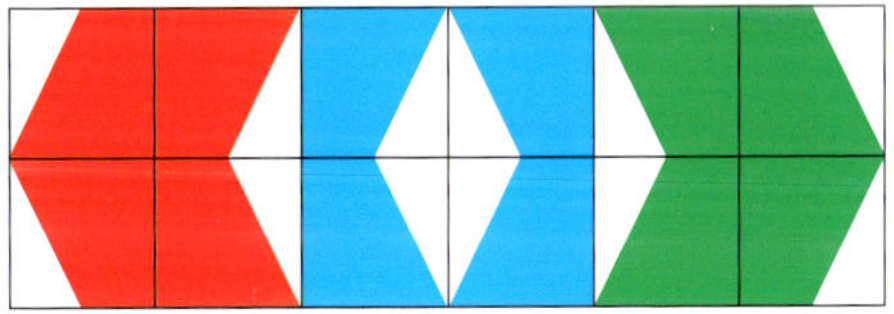

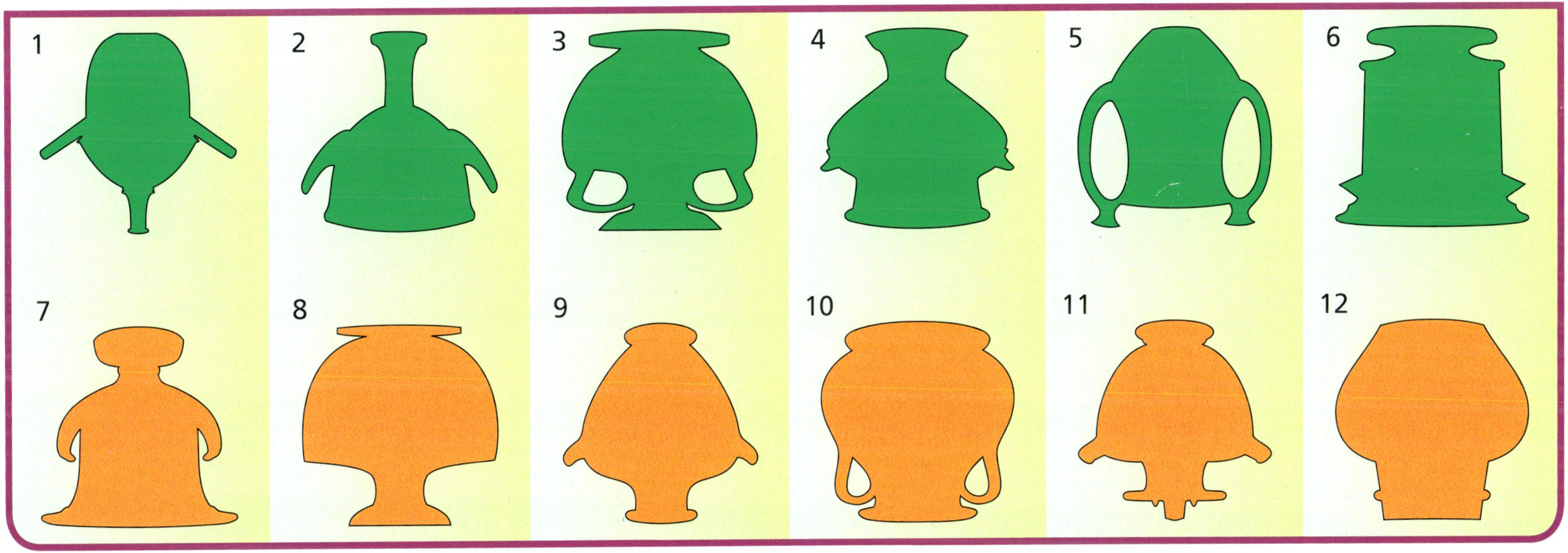
1
2
3
4
5
6
7
8
9
10
11
12

Tiere zuordnen

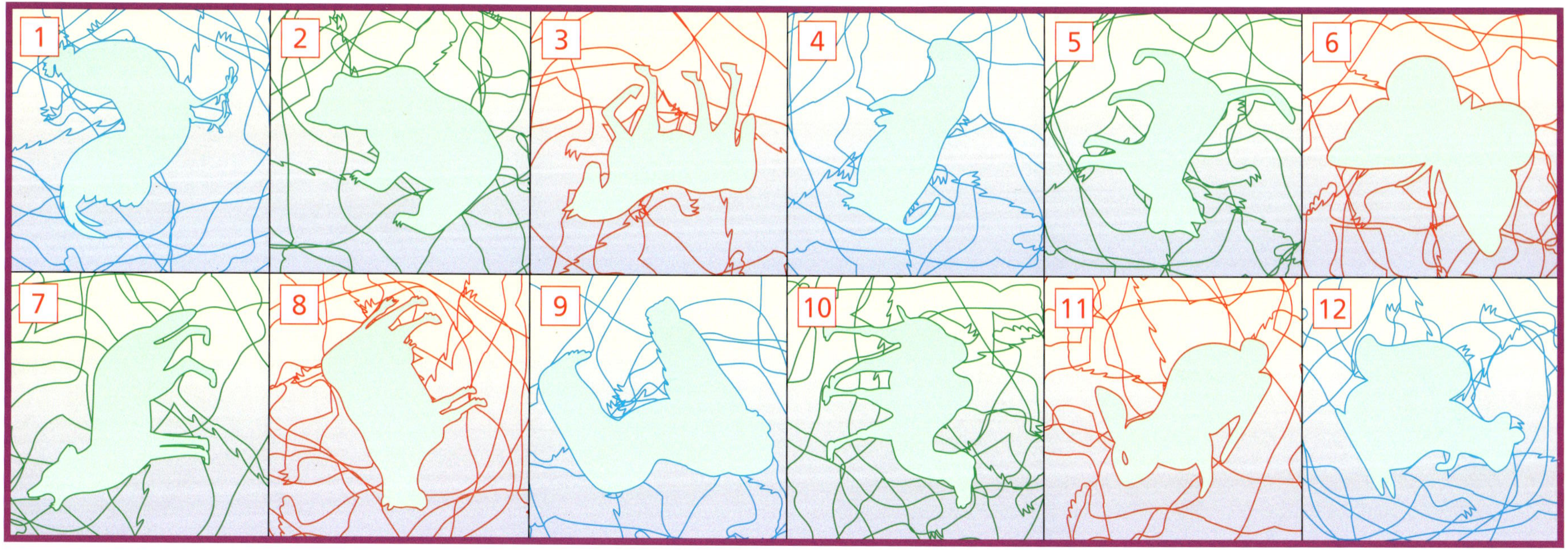

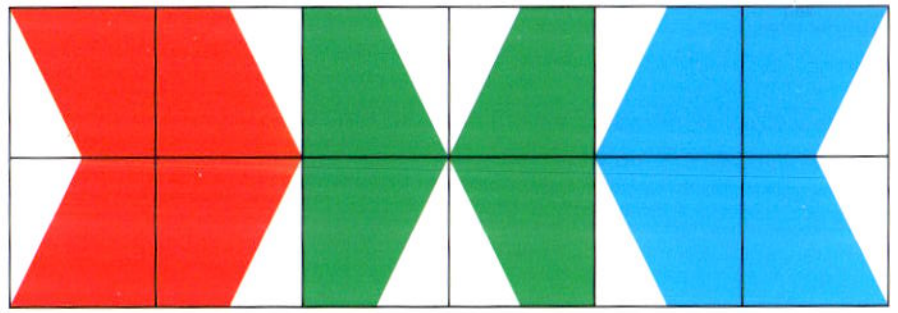

1

2

3

4

5

6

7

8

9

10

11

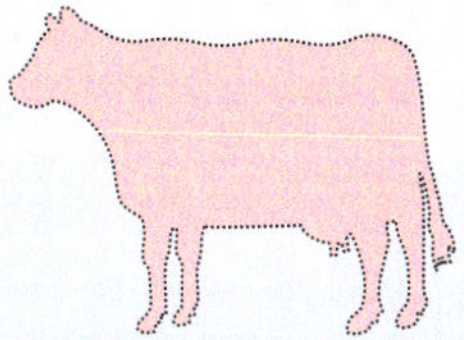

12

Ein Streifenpuzzle

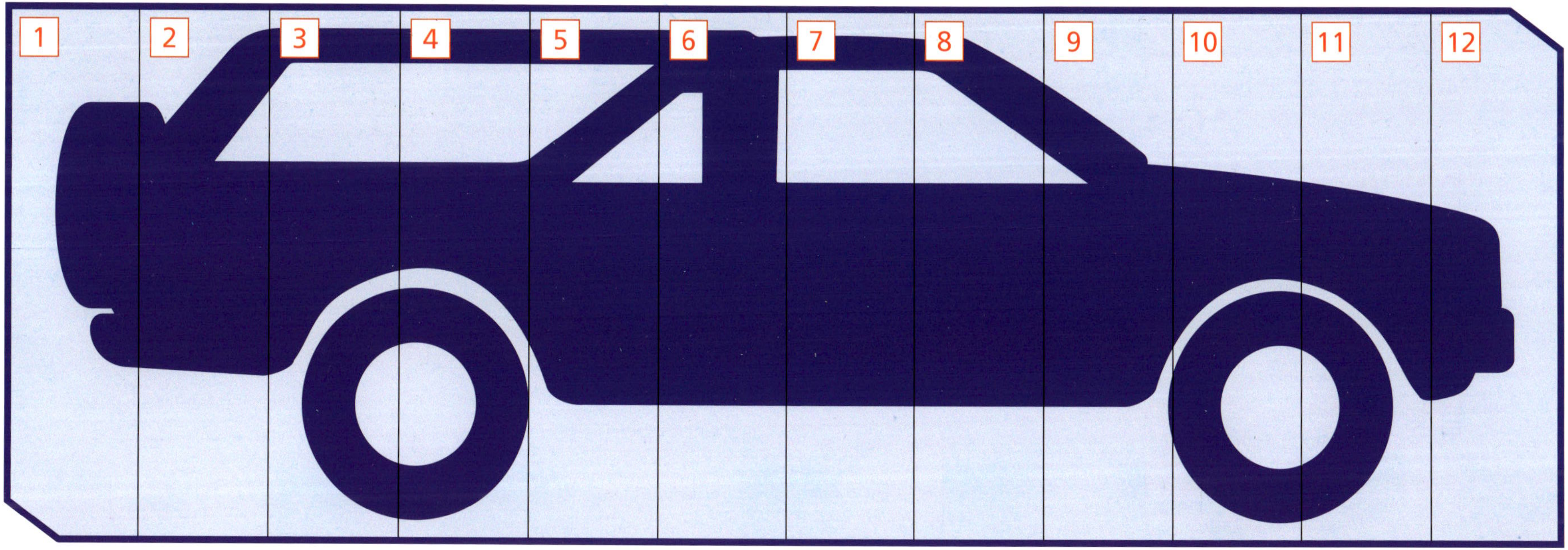

STOP

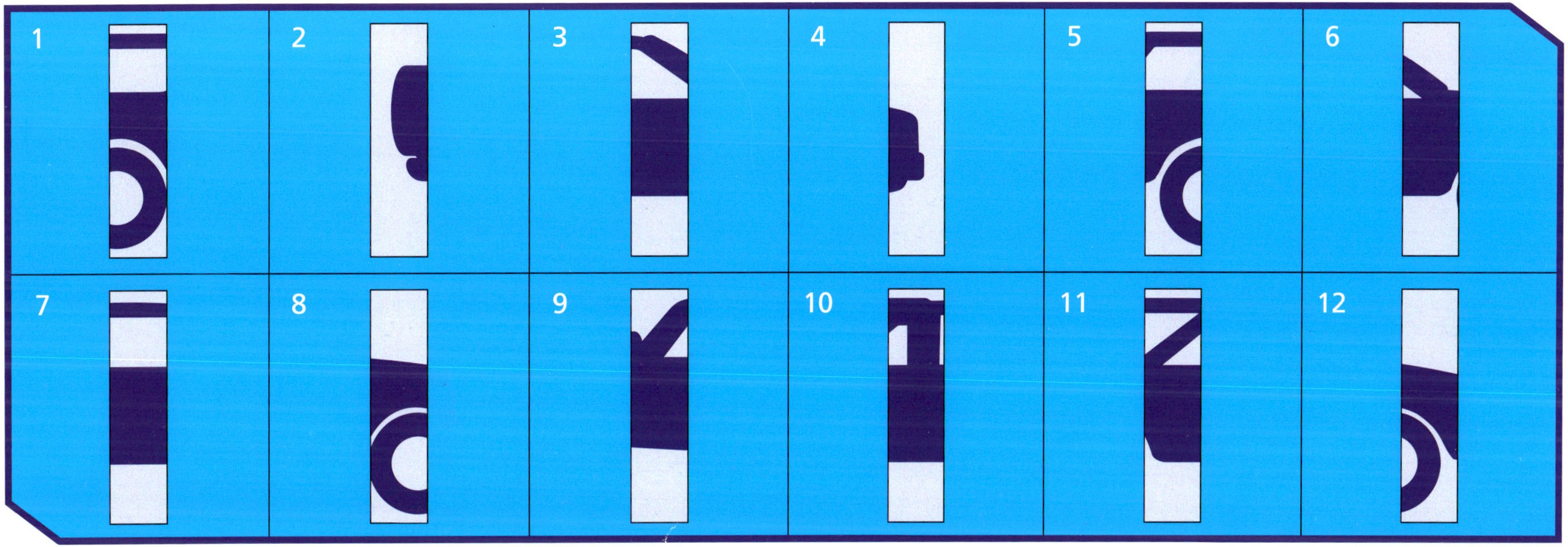
1
2
3
4
5
6
7
8
9
10
11
12

Verschiedene Formen in gleichen Farben

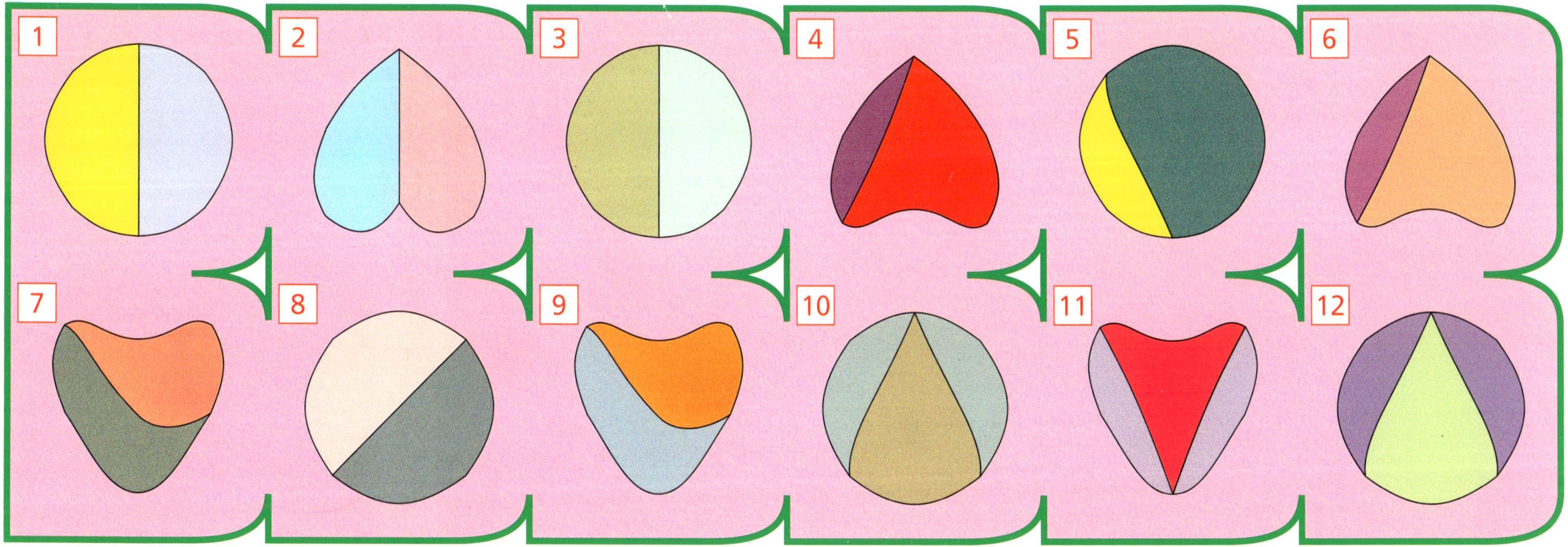

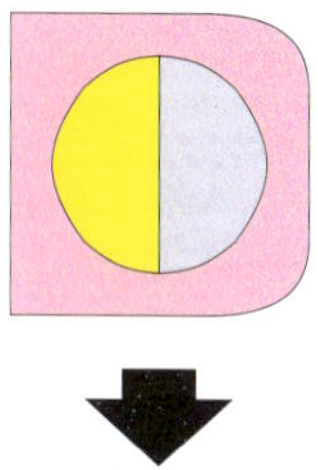

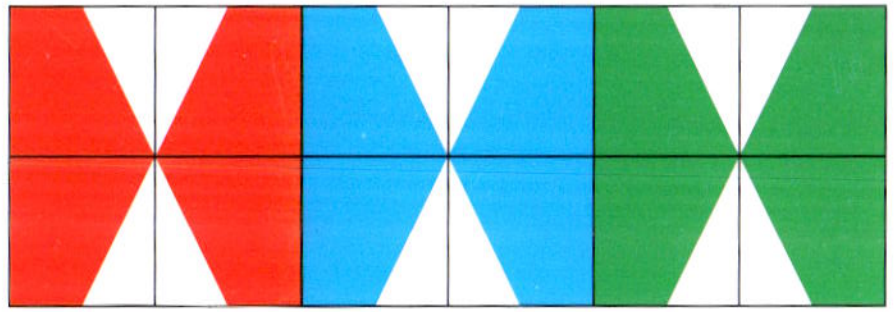

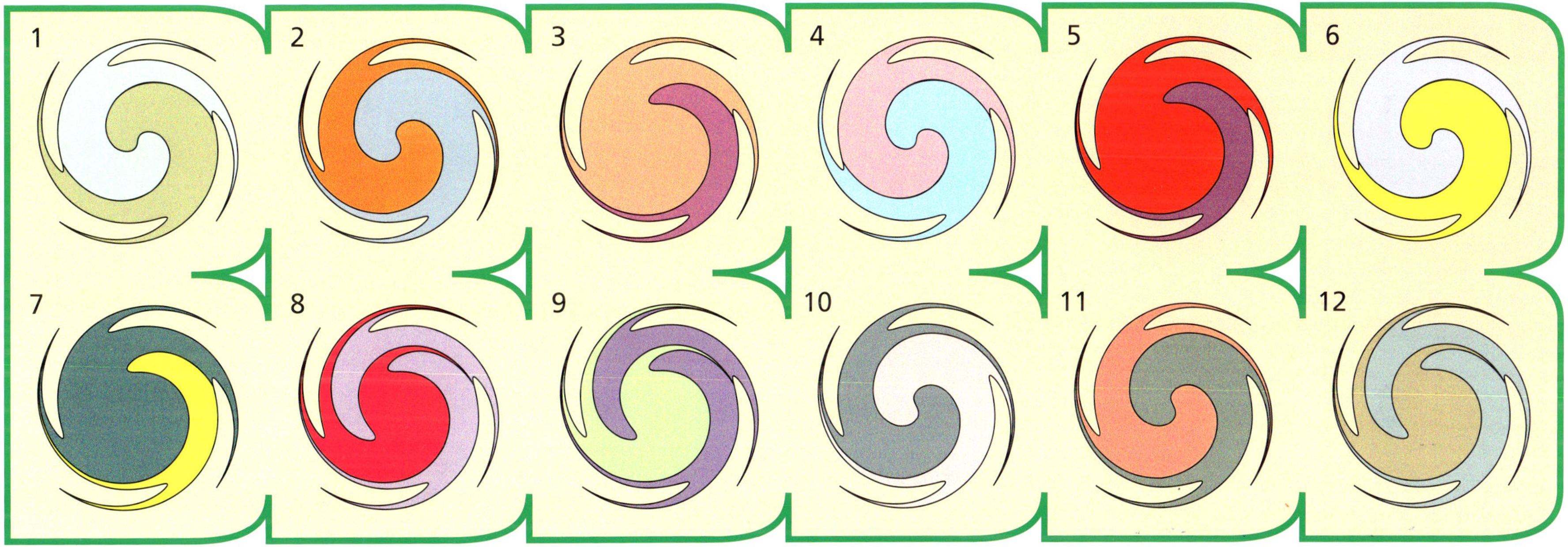
1
2
3
4
5
6
7
8
9
10
11
12

Ordne richtig zu!

1

2
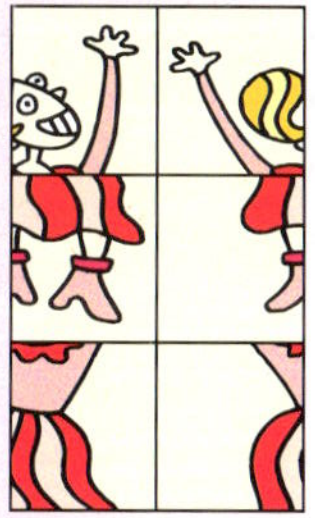

3

4
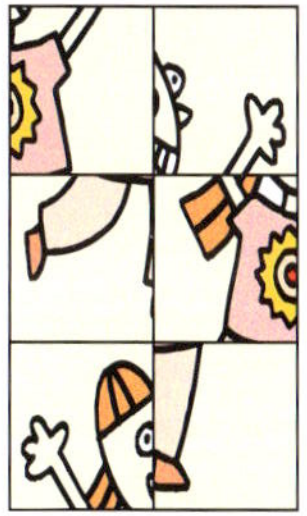

5
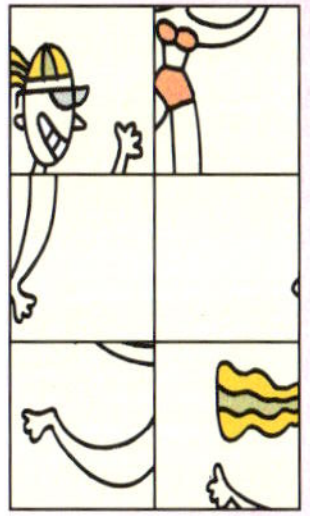

6

7
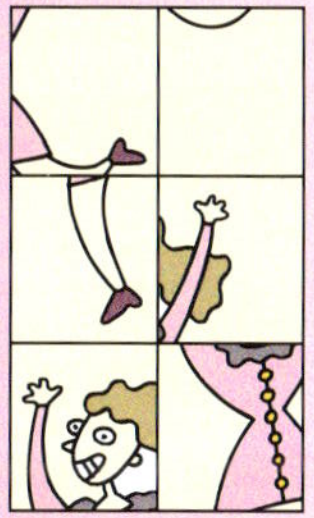

8

9
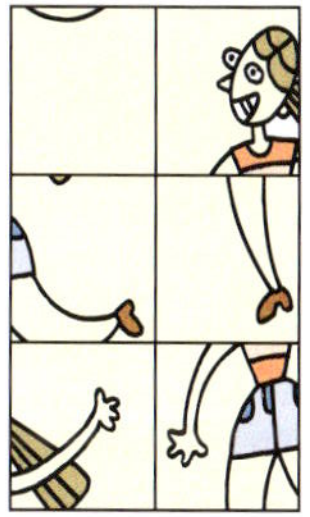

10

11
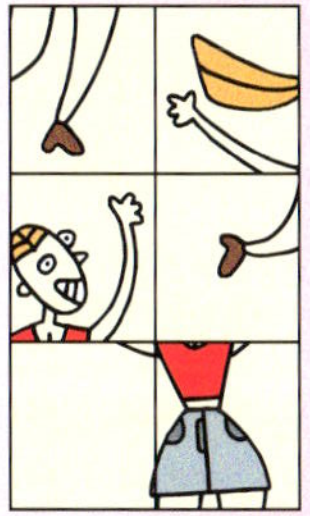

12

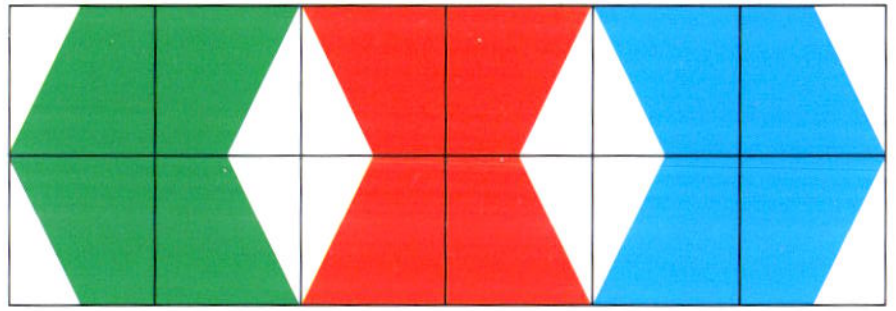

1
2
3
4
5
6
7
8
9
10
11
12

Vier Formen in vier Farben

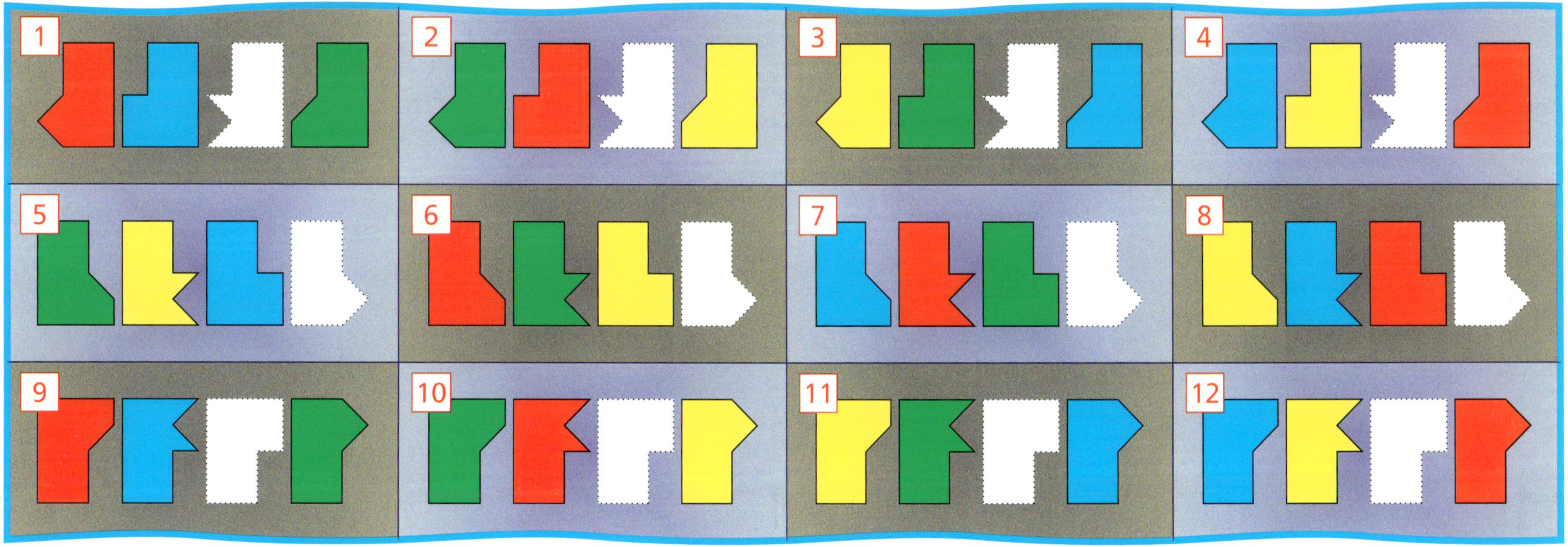

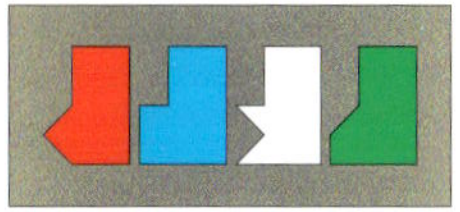

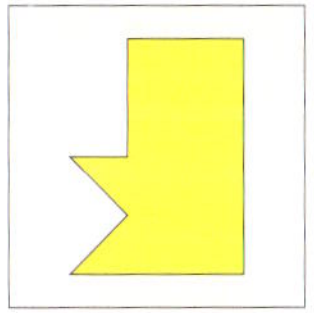

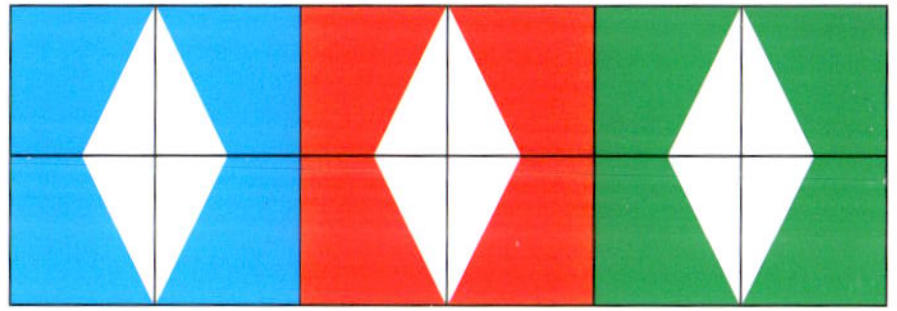

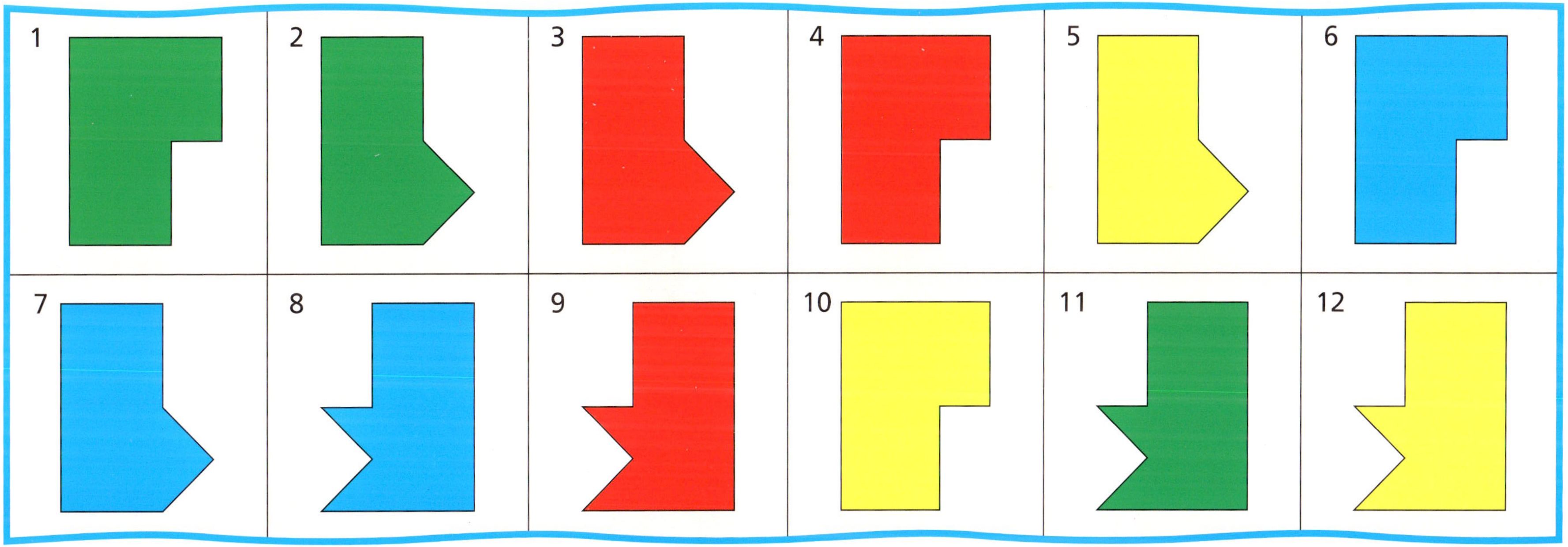
1
2
3
4
5
6
7
8
9
10
11
12

Welche Schiffe gehören zusammen?

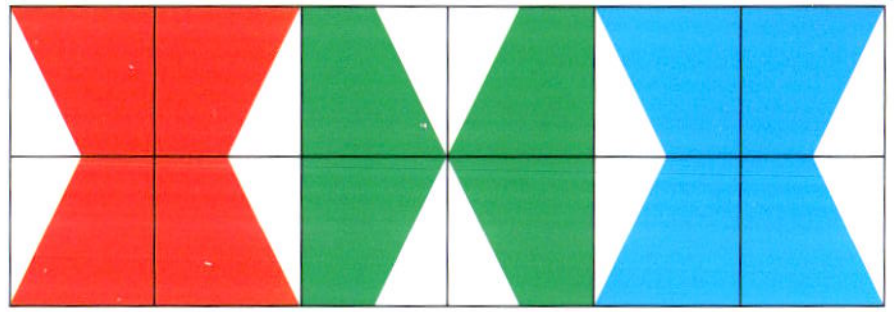

1
2
3
4
5
6
7
8
9
10
11
12

Wo ist das fehlende Muster?

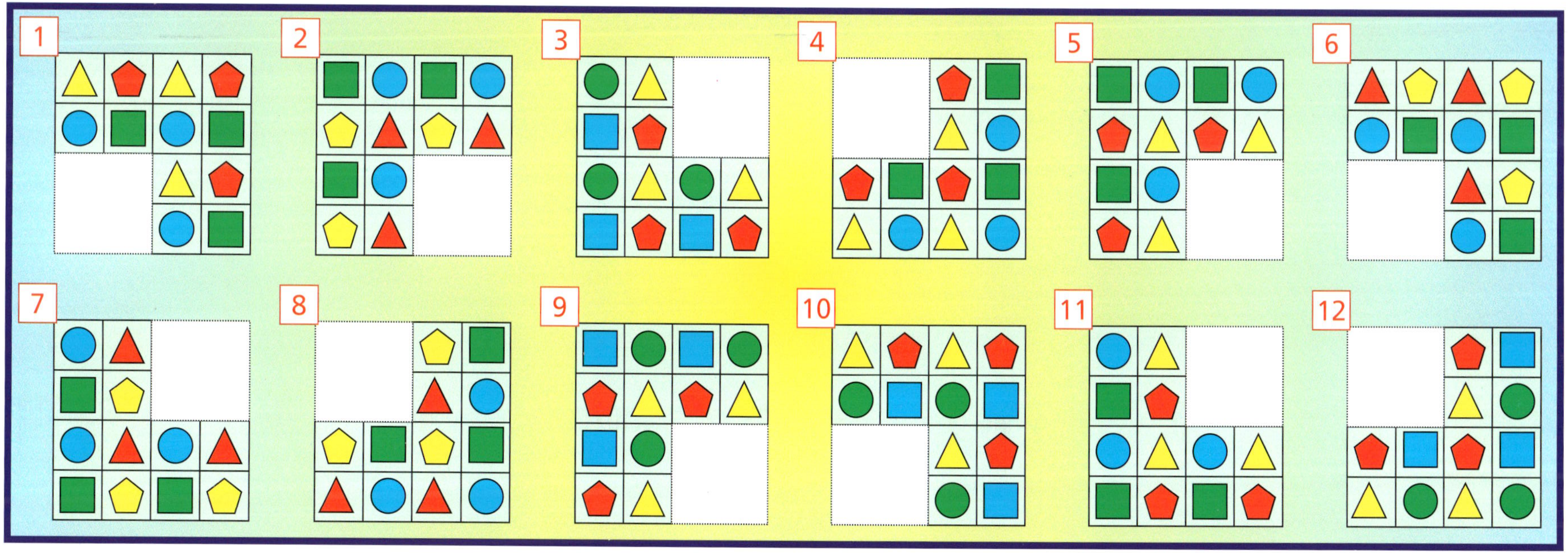

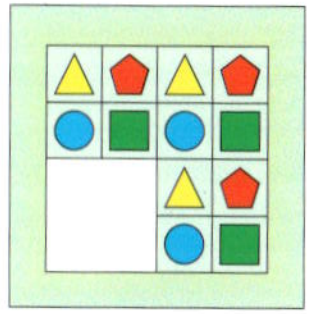

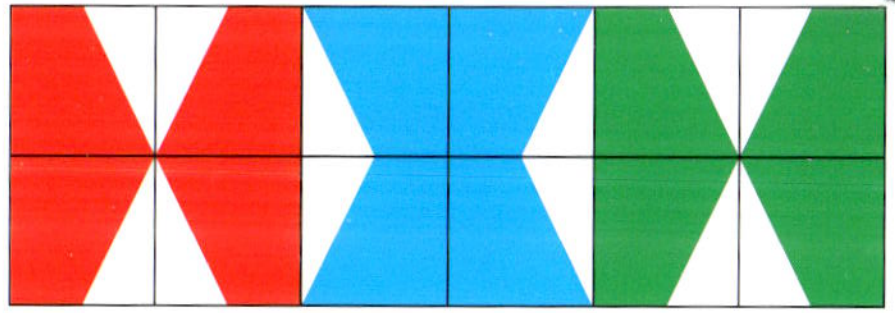

1

2

3

4

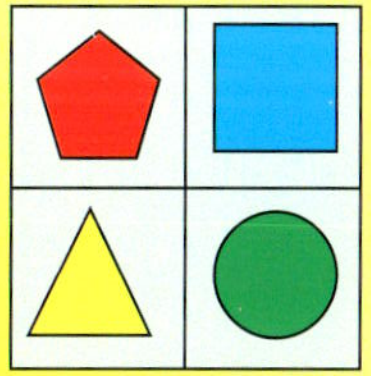

5

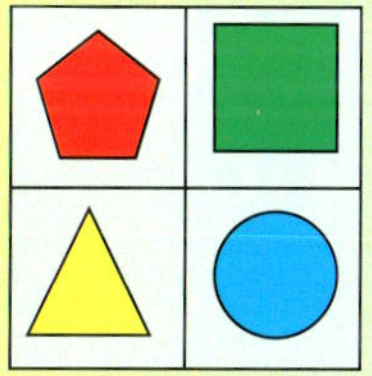

6

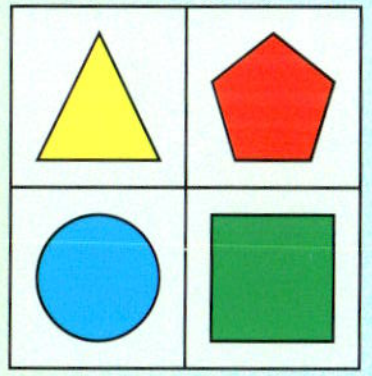

7

8

9

10

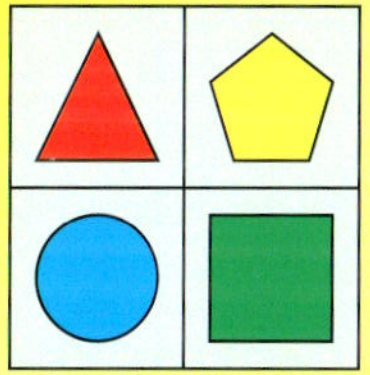

11

12

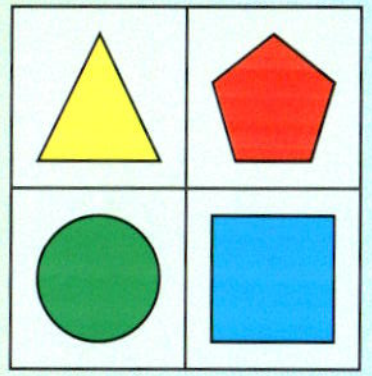

Welche Hände gehören zusammen?

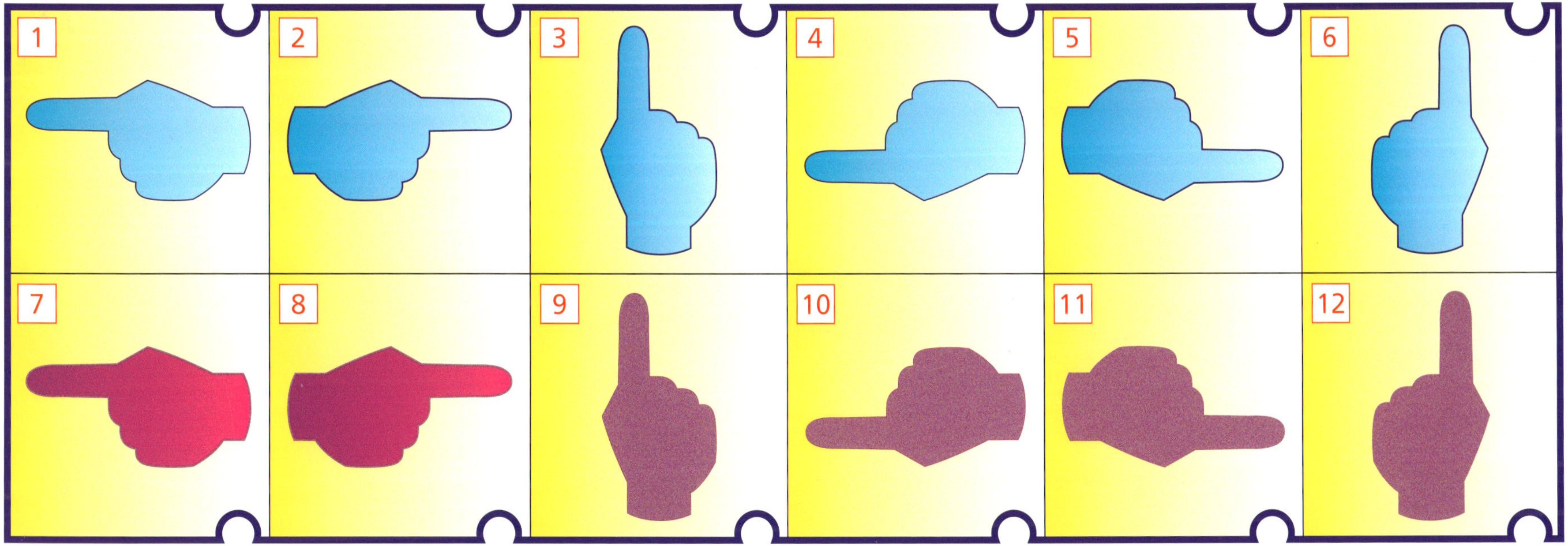

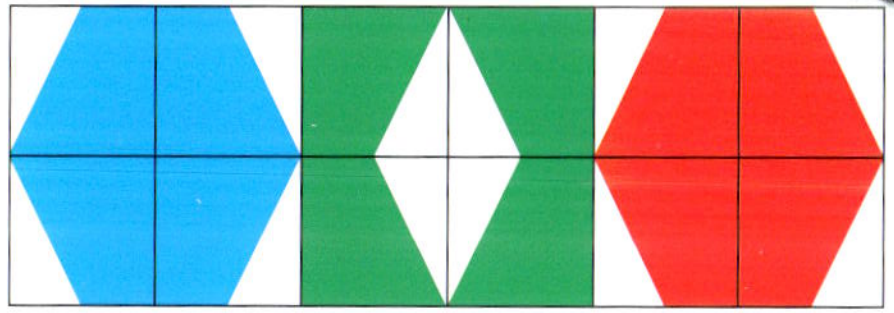

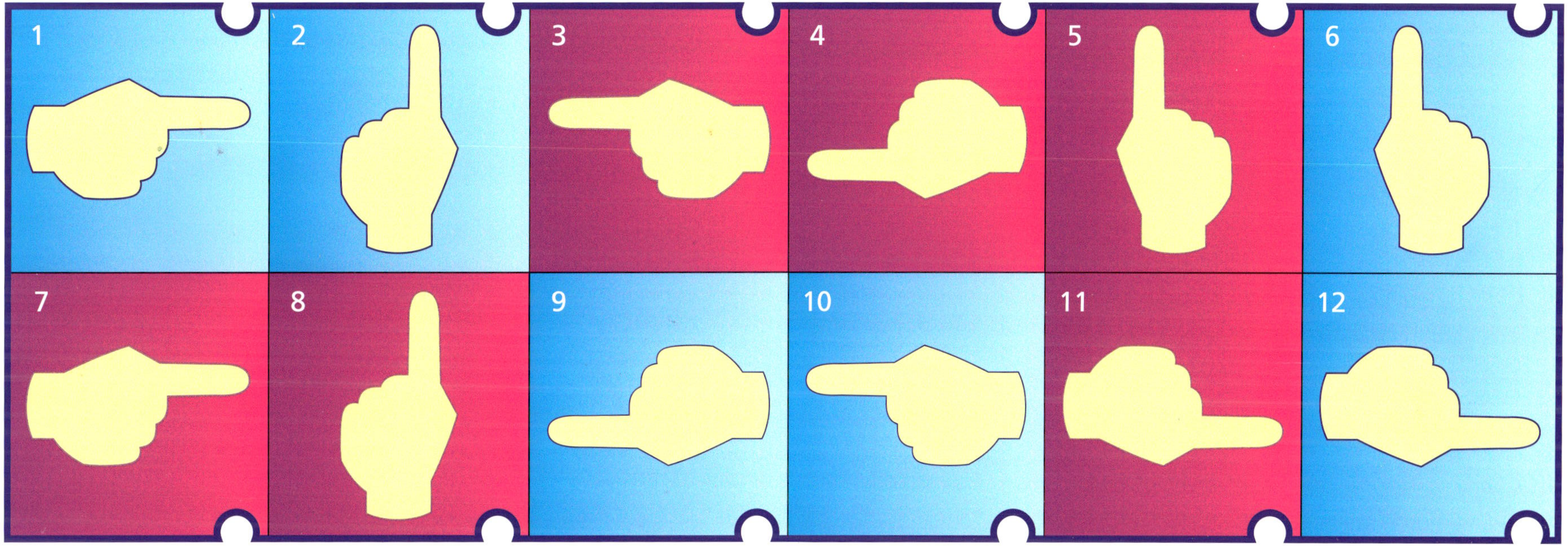
1
2
3
4
5
6
7
8
9
10
11
12

Wo ist die fehlende Ecke?

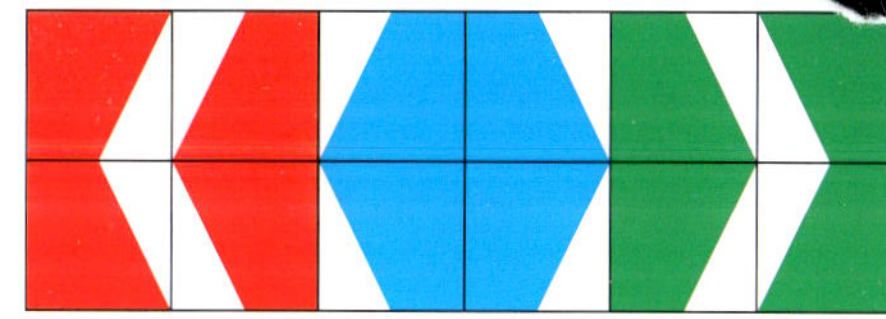

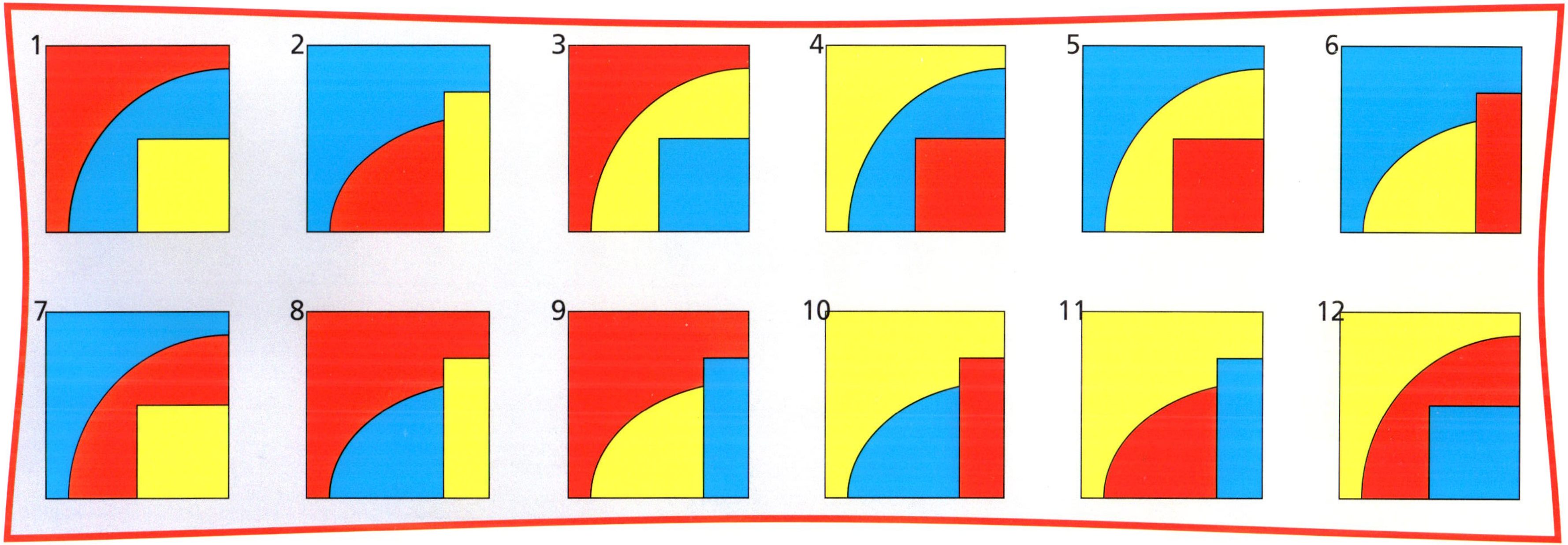
1
2
3
4
5
6
7
8
9
10
11
12

Wo ist das gleiche Hühnchen?